图书在版编目（CIP）数据

肇建紫禁城 / 马月珍编著 ; 宋铭绘. -- 北京 : 电子工业出版社, 2020.3
ISBN 978-7-121-38477-6

Ⅰ. ①肇… Ⅱ. ①马… ②宋… Ⅲ. ①故宫 - 北京 - 少儿读物 Ⅳ. ①K928.74-49

中国版本图书馆CIP数据核字(2020)第029308号

责任编辑：季　萌　　温　婷
印　　刷：北京尚唐印刷包装有限公司
装　　订：北京尚唐印刷包装有限公司
出版发行：电子工业出版社
北京市海淀区万寿路173信箱　邮编：100036
开　　本：889×1194　1/16　　印张：4　　字数：58.5千字
版　　次：2020年3月第1版
印　　次：2022年6月第19次印刷
定　　价：68.00元

凡所购买电子工业出版社图书有缺损问题，请向购买书店调换。若书店售缺，请与本社发行部联系，联系及邮购电话：（010）88254888，88258888。
质量投诉请发邮件至zlts@phei.com.cn，盗版侵权举报请发邮件至dbqq@phei.com.cn。
本书咨询联系方式：（010）88254161转1860，jimeng@phei.com.cn。

小猛犸原创图画书 | 纪念紫禁城建成600周年、故宫博物院建院95周年

肇建紫禁城

马月珍／编著
宋铭／绘

電子工業出版社
Publishing House of Electronics Industry
北京·BEIJING

前言

北京故宫，旧称紫禁城，位于北京市中心，占地面积七十二万平方米。高达十米的城墙将故宫围成一个南北长九百六十米、东西长七百六十米的长方形。城垣外环绕着一条宽五十米的护城河，可谓是固若金汤。

这座宏伟的明清宫殿充分展示了中国古代建筑的艺术魅力和独特风格。在这七十二万平方米的区域内，坐落着若干座大大小小的殿堂、楼阁、亭台……这种建筑布局，强调了封建政权的至高无上，象征着权力的集中。

故宫共有四座城门，正门叫午门，北门叫神武门（明代叫玄武门），东门叫东华门，西门叫西华门。紫禁城四隅各有角楼一座，结构设计巧妙，俗称九梁十八柱。

故宫内又分外朝、内廷两大部分，宫殿多是按左右对称的格局进行排列建造的。

进入午门，首先看到一片宽阔的广场，当中有一条蜿蜒而过、呈弧形的内金水河，上架五座汉白玉石桥，因这些桥形似玉带，又被称作玉带桥。走过广场，正北面为太和门，门内依次坐落着外朝最主要的殿座：太和殿、中和殿、保和殿，一般统称为三大殿。皇宫中的金銮宝殿，一般指的就是这一组建筑。

保和殿以北为内廷部分，依次坐落着乾清宫、交泰殿、坤宁宫，也就是内廷后三宫。坤宁宫后方便是御花园，园内正中有钦安殿，再往北即故宫北门——神武门。

这一条约一千米长、贯穿南北的中轴线上排列着故宫的骨干建筑。而在中轴线两边，外朝太和门左右两旁有文华殿、武英殿两座宫殿，为三大殿的两翼建筑；内廷后三宫东西两侧则有格局相同的东、西六宫，即旧日民间俗称的三宫六院。

故宫里建有重重殿宇，层层楼阁，宏伟壮丽，凝结着古代劳动人民的智慧。若走出北宫门，登上景山中峰，鸟瞰故宫全貌，整个故宫就像是一卷起伏有致的长画，金瓦红墙，肃穆壮观，尽显皇室威严与气魄。

这样一片令人无限神往的建筑群，到底是谁修建的？它最初的模样是什么？它承载了多少历史重任？这一切的一切，就从本书中寻找答案吧。

建造紫禁城
的历史，
是这样的：

明朝开国皇帝朱元璋登基之前，便下令在应天府（中国南京）修建一座宫殿。后来，朱元璋顺利登上皇位，定都应天府后，开始命人大兴土木，大规模修建宫殿，也就是后来的南京紫禁城。这座宫殿集中国建筑两千年精髓而成，气势恢宏，尽显皇家气派。

明朝第三任皇帝朱棣，在公元1403年的大年初一，正式启用永乐作为自己的年号。

当年的农历正月十三，朱棣按祖制祭祀完天地，回宫后与众臣相聚一堂。这时，礼部尚书李至刚提出了一个大胆的建议：“燕京北平乃皇上的‘龙兴之地’，应当效仿明太祖对凤阳的做法，将其立为陪都。”

当时，北平（中国北京）在明朝的版图上，还只是朝廷的一个布政司（地方行政机关）。朱棣11岁时被封为燕王，封地就在北平，所以他十分熟悉北平，对北平充满感情。因此，这个建议正合朱棣的心意。

聖旨

不出几个时辰，一道圣旨昭告天下——北平改为北京，成为明王朝的陪都。

众所周知，朱棣是从其侄儿朱允炆（明惠宗）手中夺取了大明江山，很多棘手问题等着他来解决，生死未卜的朱允炆，反对他的朝堂旧部……这一切都让他充满彷徨与不安。

有一天上朝时，朱棣被坚决维护朱允炆的御史大夫景清刺杀，差点儿丢了性命。此事之后，朱棣经常做噩梦，再加上他不习惯南京湿热的天气，因此更加怀念他的故地——北京。

将京都迁往北京的念头在朱棣的心中愈发强烈。

当年5月，在一次临朝时，朱棣对大臣们说："北京是我旧时的封国，有国社国稷，应实施国都的礼治。"然而这个建议遭到了大臣们的激烈反对。

从那以后，朱棣谨慎了许多，他开始以迂回而秘密的方式，为迁都进行系统而缜密的准备。

此时的北京城里，突然多了很多来自江浙等地的商人。他们得到朝廷的应允，只要迁至北京，五年内免缴税赋。这些商人很快安顿下来，在北京又做起了他们原来的生意。而在北京郊区，此时也多了很多农民，他们开始垦荒种地。

大规模的移民工程就这样悄然开始了……

就在百姓热衷于移民之时，距北京万里之遥的西北草原上，蒙古大汗帖木儿指挥着铁骑大军，已经向中原进发。明朝的北方面临着威胁。

正当朱棣准备布防迎战时，帖木儿却突然在行军途中病故。一场大战就这样消于无形。

公元1405年7月11日，三宝太监郑和受命率一支船队，带着朱棣向世界展现大明国威的使命，驶向了浩瀚无垠的海洋。

据说这次航行还有另一个隐蔽的使命——寻找失踪的朱允炆。

公元1406年8月，当郑和的舰队在大海中浩荡行进时，南京皇宫里发生了一件让朱棣高兴的大事。

在那天的朝堂上，以丘福为首的一群大臣，建议在北京，按照南京紫禁城的规模再修建一座新的宫殿。朱棣欣然接受了这个建议。

一场浩大且旷日持久的工程就这样拉开了序幕……

中国古建筑以木结构为主，修建宫殿，第一步便是采木。

朱棣下令建造北京宫殿后，便立即派遣政府各部官员奔赴四川、江西、浙江、福建等盛产木材之地，监督采运木材的事务。

珍贵的楠木，多生长在崇山峻岭、人烟罕至的原始森林之中，那里常有虎豹蛇蟒出没。

为了采集这些木材，官员和百姓们冒着危险进山，“入山一千，出山五百”，很多人因此丢了性命，付出了巨大的代价。

这些巨大的楠木被用于制作太和殿内的柱子。尽管我们现在在太和殿内看到的柱子是清朝时期用松木拼凑而成的，但我们也能从中探寻到当年开采木材的艰辛与不易。那些巨大的木材，即便是运用现代工具进行运输，都是一项十分艰巨而困难的任务。那么几百年前，它们又是怎样运到紫禁城的呢？

被派往四川的工部尚书宋礼，这样向朱棣描述“大木出山”的传奇情景：有一天山洪暴发，一段段木材顺流而下。遇到巨石拦路时，木材加速撞击巨石。只见一个个巨石炸裂开来，发出阵阵巨响，木材却完好无损。朱棣听说后，便将发生这一传奇故事的大山封为“神木山”。

永乐时期，为了北京建造新的宫殿而进行的采木工作，据说持续了整整13年。

除了木材之外，紫禁城中石料的用量也相当大。比如保和殿后的一块长十六点五米，宽三米，重达二百多吨的云龙阶石就是由一整块汉白玉雕成的。这块巨大的石料开采于北京西南的郊区，它又是如何被运到紫禁城里的呢？

据史料记载，光是开采这块石料，就动用了一万多名民工和六千多名士兵，而将它运往京城就更加艰辛了。数万名民工，在运送石料的道路两旁，修路填坑。每隔一里左右掘一口井。等到隆冬时节，工人们从井里汲水泼成冰道。两万多名民工、一千多头骡子，用了近一个月的时间，才将这块巨石运到了京城。

而修建宫殿需要的其他石料，同样也耗费了大量的人力物力，才被顺利运送到故宫里。据专家分析，修建故宫的备料过程就长达十年之久。

在这十年时间，北京逐渐成了大明王朝疆域内，最热闹、最庞大的建筑工地。

经过精心的筹备，1417年，朱棣命人从全国范围内征集能工巧匠，开始紫禁城的建设。

据历史记载，为了修建这座宫殿，大批工匠和壮工付出了辛勤的劳动。现在，我们只能从文献上查到一小部分曾得到过皇帝赏识的匠师的名字，如参与建造宫殿的瓦工杨青、木工蒯祥等。

而更多为此付出智慧与汗水，甚至丢掉性命的工匠们，却湮没无闻。

公元1406年，朱棣任命泰宁侯陈珪作为改造建设北京城及宫殿的总指挥。陈珪不负众望，在他的周密计划下，新宫殿的工程按部就班地进行着。遗憾的是，他没有等到新殿建成的日子，便因病去世了。

就在朱棣在为迁都北京而做着各种准备时，他最亲密的结发妻子——徐皇后去世了。要怎样安葬徐皇后呢？

按理说，陵墓应建在当时的首都南京，但是朱棣却悄悄派人前往北京寻找吉壤建陵。两年后，朱棣下旨将昌平以北20多里的地方圈为陵区禁地。这就是今天的明十三陵。而大臣们也意识到，这个举动，是朱棣向众人发出的迁都信号。

一些大臣上书反对朱棣的迁都用意，但这些大臣却被朱棣贬到农村，成了普普通通的农民。杀鸡儆猴，这招儿果然有用，剩下的大臣只好选择了沉默。

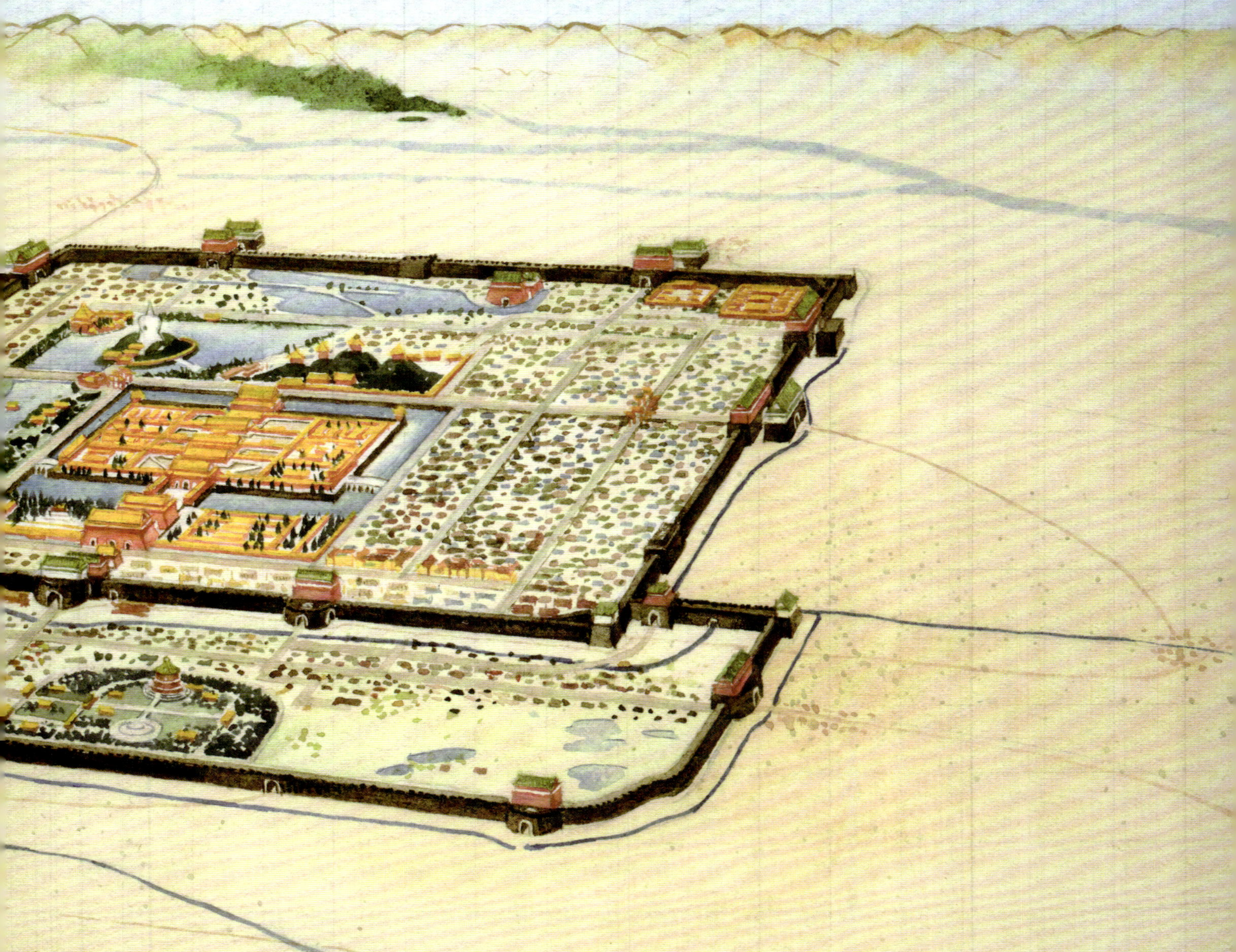

公元1416年11月的一天，朱棣召集文武群臣，与他们谈论起关于北京以及北京宫殿修建的话题。这一次，群臣没有再提出反对意见，反而纷纷赞美起北京优越的地理位置，并表示应将明朝的第一首都定在北京。朱棣多年的迁都愿望，终于要达成了。

公元 1420 年，这座宫殿终于建成了！它是在元大都皇宫旧址上诞生的。整个宫殿建筑群由北往南延伸，地处北京的中心地带，成为明王朝的神圣之地。

公元1421年元旦，朱棣在新落成的宫殿里，举行了规模宏大的朝贺仪式。看着这座金碧辉煌的宫殿，朱棣和大臣们无不为之振奋与鼓舞。

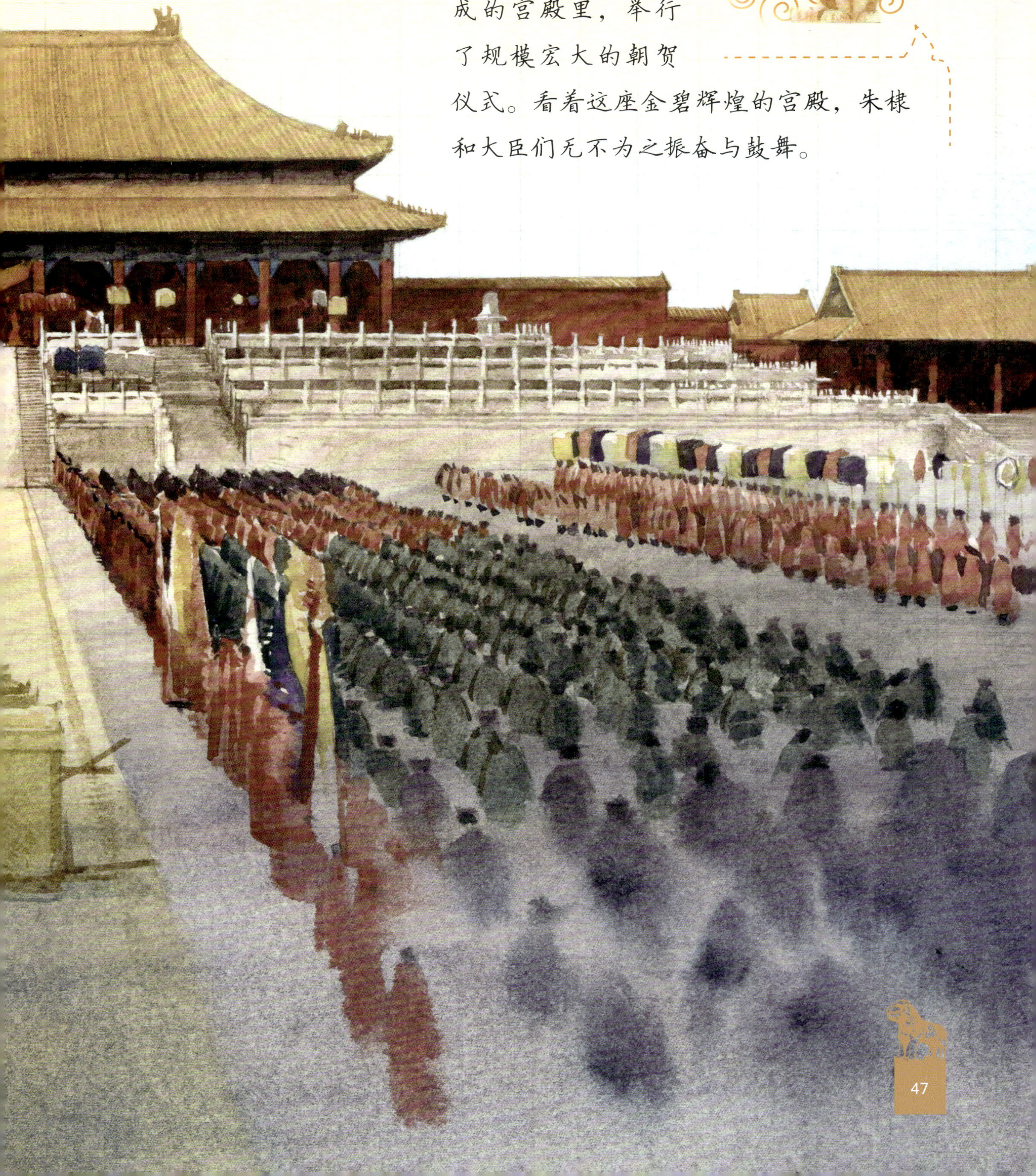

然而，耗费近20年时间，投入巨大人力、财力、物力而建成的三大殿，只存在了短短的三个月，便毁于一场大火。关于这场大火，还有这样一个传说。据说，曾有位会推算未来的胡姓官员预测到，宫殿来日会发生一场火灾。朱棣听后勃然大怒，将这位官员关进了监狱。大家都没把这个人的话放在心上。没想到，公元1421年5月的一天，天气骤变，电闪雷鸣，三大殿突然起火，很快便烧成了废墟。

历史上已无法考证这个传说的真假，但不可否认的是，这场大火给了朱棣一个致命的打击。

不久之后，为消除边患，朱棣发动了第六次北征蒙古的行动。可是，他的健康状况却每况愈下，还从马背上摔了下来。最终，这位戎马一生的皇帝在北征蒙古的途中走到了生命的尽头。

毁于大火的三大殿，在之后很长一段时间里，始终是一片废墟。

公元 1436 年，明英宗朱祁镇继位。他十分崇拜自己的曾祖父朱棣，于是，一登上皇位，他便做出一个重大的决定——重修紫禁城。

这场拖延了十几年的重建工作终于启动了。

紫禁城最终成为了中国明、清两代的最高政治中心。一座世界建筑艺术史上独一无二的经典之作，从此傲然于世，成为了人类历史上迄今能看到的最大的宫殿建筑群，是全人类共同的历史文化遗产。

你记住这段
历史了吗?